Receitinhas para você

SESI-SP editora

Conselho Editorial
Paulo Skaf (Presidente)
Walter Vicioni Gonçalves
Débora Cypriano Botelho
Neusa Mariani

Editor-chefe - Rodrigo de Faria e Silva
Produção editorial - Letícia Mendes de Souza
Assistente editorial - Eloah Pina
Produção gráfica - Camila Catto e Valquíria Palma
Tradução - Flávia Lago
Introdução - Flávia Pinho
Preparação - Fábio Bonillo
Revisão - Ana Tereza Clemente e Ana Lucia S. dos Santos
Projeto gráfico original - Moema Cavalcanti
Diagramação - Maurício Marcelo (Tikinet)
Ilustrações - Meire de Oliveira
Fotos - Yves Carlier

©SESI-SP, 2016

Dados Internacionais de Catalogação na Publicação (CIP)

Frisching, Sacha de
    Receitinhas para você : caviar / Sacha de Frisching ; [ilustração Meire de Oliveira]. – São Paulo : SESI-SP editora, 2016.
    Título original: *Brunch Caviar*
    Tradução: Flávia Lago
    80 p., 42 ils. (Alimente-se bem)

    ISBN 978-85-504-0210-9

    1. Alimentação saudável 2. Culinária infantil 3. Receitas I. Título. II. Alimente-se bem.
                                                              CDD – 641.5123

Índices para catálogo sistemático:
1. Alimentação saudável : Culinária infantil 641.5123
2. Receitas : Culinária infantil 641.5123

Bibliotecária responsável: Enisete Malaquias CRB-8 5821

SESI-SP Editora
Avenida Paulista, 1.313, 4º andar, 01311-923, São Paulo – SP
Tel. (11) 3146-7308 | editora@sesisenaisp.org.br
www.sesispeditora.com.br

CAVIAR

SACHA DE FRISCHING

SESI-SP editora

Sumário

Como nasceu esta coleção --------------------------------- 7

Introdução: *Uma iguaria apreciada há milênios* -------- 9

   História --- 10

   Como se produz o caviar ---------------------------------- 11

   Cuidados especiais -- 12

   Como servir e harmonizar --------------------------------- 13

Antes de degustar -- 13

Utensílios -- 14

Receitas --- 17

   Entradas --- 18

   Pratos principais --- 38

Agradecimentos -- 75

Índice de receitas -- 77

Referências bibliográficas ------------------------------- 79

COMO NASCEU ESTA COLEÇÃO

Pratos nutritivos, simples, acessíveis e... saborosos. Com base nesses conceitos, o programa do Curso de Culinária e Nutrição do SESI já desenvolvia, desde 1949, preparações com esse perfil. O sucesso foi tão grande que, nesse mesmo ano, foi lançada a primeira edição para servir de guia de preparo para refeições mais sadias e econômicas.

De lá para cá, muita coisa mudou no conceito de alimentação, no estilo de vida e na tecnologia, que introduziu inúmeros eletrodomésticos para facilitar cada vez mais a vida de quem cozinha. Porém, a necessidade de se alimentar bem continua sendo a mesma.

Sempre atenta às mudanças de comportamento, a equipe de nutricionistas do SESI-SP incorporou, ao longo desses anos, os novos desejos e as recentes necessidades e exigências de praticidade e rapidez na hora de desenvolver refeições mais saudáveis e equilibradas. E assim, pela experiência adquirida em anos de cursos, várias receitas foram elaboradas para atender às novas demandas culinárias, sem abrir mão do sabor. À SESI-SP Editora coube a tarefa de compilar e desenvolver uma coleção de livros que reúne essas receitas por afinidade de temas e gostos.

E assim nasceu a coleção Receitinhas para você.

Introdução

Uma iguaria apreciada há milênios

Nobre, caro, precioso. O caviar, hoje um dos alimentos mais valorizados do mundo, é consumido há milhares de anos. Essa iguaria de luxo, cujo nome vem do turco *khäviar*, ou ainda do persa *khāvyār*, consiste em ovas não fertilizadas e salgadas de uma única espécie de peixe, o feioso esturjão selvagem, que pertence a uma das famílias de peixes ósseos mais antigas de que se tem notícia – a *Acipenseridae*, que pode chegar a dez metros de comprimento e 500 quilos.

O esturjão vive no fundo dos deltas de grandes rios e, na primavera, aproveita a elevação da temperatura para depositar as ovas em águas salobras. Cada fêmea pode expelir mais de 2 milhões de ovas quando atinge a maturidade sexual, entre os 18 e 20 anos.

De aproximadamente 25 gêneros, o beluga (*Acipenser huso*) é o mais valorizado, por expelir ovas negras e brilhantes, com cerca de dois milímetros de diâmetro. Atrás vem o sevruga (*Acipenser stellatus*), de ovas mais miúdas e claras, e o sterlet (*Acipenser ruthenus*), cujas ovas são ainda menores e alaranjadas. Há ainda o esturjão albino, que fornece o raro caviar branco. O peixe mais trivial para produção do caviar é o osetra (*Acipenser sturio*), de ovas castanhas. Todos têm em comum a alta concentração de proteínas e do desejado ômega-3, fundamental para proteger o sistema cardiovascular.

História

Acredita-se que os persas tenham sido os primeiros produtores de caviar. Mas, sem dúvida, foram os russos os responsáveis por sua ascensão ao status de iguaria, ainda em torno do século X. O primeiro a deixar registros escritos – e elogiosos – sobre o caviar, no século XII, foi Batu Khan, neto de Gengis Khan, o imperador da Mongólia, em suas narrações sobre uma viagem a Moscou. A partir de então, o consumo se tornou cada vez mais frequente entre a nobreza, principalmente da Rússia, de onde partiu para também conquistar o paladar dos europeus. As ovas negras aparecem diversas vezes à mesa de Pantagruel, protagonista glutão da pentalogia de romances *Gargantua & Pantagruel*, que François Rabelais começou a publicar em 1532.

Por séculos, os nobres foram os únicos a ter acesso à iguaria. Para se ter uma ideia de sua importância, Eduardo II da Inglaterra, que reinou de 1307 a 1327, exigia que todo esturjão pescado fosse entregue diretamente aos senhores feudais. Situação parecida ocorria na França, nos séculos XVII e XVIII, onde a produção do caviar também era assunto de Estado. Na Rússia, a corte até determinava a quantidade de ovas que os pescadores deveriam enviar ao palácio – a regra era estabelecida por uma lei, que ficou em vigor até o século XIX. Mas seu status à mesa viria a mudar bastante com o passar do tempo.

Grande e parrudo, o esturjão selvagem passou a ser pescado de forma indiscriminada, por séculos, em várias partes do mundo – e não exatamente por causa do caviar. Entre o fim do século XIX e o início do século XX, a carne do peixe, seca e salgada, serviu de alimento para camadas mais pobres da população da Europa e dos Estados Unidos – enquanto as ovas eram simplesmente desperdiçadas ou oferecidas de cortesia nos bares, como acompanhamento dos drinques, como se fossem amendoins.

De tanto ser pescado sem qualquer controle, o esturjão selvagem praticamente desapareceu. Atualmente, sob ameaça de extinção, pode ser encontrado somente em algumas regiões da China e na costa do Cáucaso, porção de terra entre a Europa Oriental e a Ásia Ocidental. Além disso, as regras de pesca e comercialização estão cada vez mais rígidas, o que fez crescer significativamente a produção em cativeiro em alguns países da Ásia, Europa e América. Não existem, contudo, criações de esturjão no Brasil – o caviar que chega ao país é 100% importado, comercializado sobretudo por empórios e mercados de luxo.

Como se produz o caviar

A técnica de extração do caviar é outro fator determinante para estabelecer seu valor. Pescado em redes, o peixe deve ser tratado com delicadeza e precisão cirúrgica.

Retira-se o saco ovariano da fêmea ainda viva, tarefa que cabe a profissionais extremamente experientes, verdadeiros mestres no ofício – só eles conseguem distinguir facilmente os machos das fêmeas e têm habilidade para fazer o corte sem atingir a finíssima membrana que envolve as ovas.

 A etapa seguinte também é executada por outro profissional altamente qualificado, o chamado *caviar master* ou *master blender*. Ele determina a quantidade de sal a ser incorporada conforme o tamanho e o grau de maturidade das ovas.  Quanto melhor e mais equilibrado o caviar, menos sal será acrescentado – e não entra traço de conservante ou outros aditivos.

Já livre do excesso de água que se desprende após a salga, o caviar está pronto para ser acondicionado em latas metálicas de 1,8 quilo, hermeticamente fechadas. A cor da embalagem identifica a variedade das ovas: azul para o beluga, amarelo para o osetra, vermelho para o sevruga. O mais incrível de todo esse processo é a rapidez: ele se desenrola em um curto espaço de tempo, cerca de três horas apenas.

Cuidados especiais

Para fazer jus a métodos tão artesanais e cuidadosos, a degustação do autêntico caviar deve ser um momento solene. Não se pode engolir as ovas inteiras, muito menos mastigá-las – dois sacrilégios entre os apreciadores da iguaria. O certo é pressionar o caviar contra o céu da boca, até que cada ova se rompa delicadamente, liberando o sabor levemente picante e untuoso.

Como servir e harmonizar

Mandam os manuais tradicionais que o sabor único do caviar seja valorizado ao máximo. É de praxe servi-lo em delicados canapés, sobre pequenas torradas ou *blinis* (panquecas), ou *in natura*, ainda dentro da lata original, uma forma elegante de exibir a marca – convém colocar a embalagem no centro de uma travessa maior, com gelo, para que o caviar permaneça gelado até o fim. Quanto às bebidas, o ideal é combiná-lo com as clássicas de boa estirpe, como vodca ou espumantes.

Mas quem disse que é proibido inovar? As receitas a seguir exaltam as qualidades do caviar, mas fogem do comum ao apresentá-lo de maneira criativa e original. Você vai encontrar essa nobre iguaria em pratos quentes e frios para todas as ocasiões – dos petiscos para uma festa de gala ao lanche gostoso para um piquenique.

ANTES DE DEGUSTAR

Certamente, o caviar é uma lenda da gastronomia…

Mas saiba que o caviar também evoca uma partilha de amor e de paixão.

A partir das ovas de esturjão, este peixe sedutor, rico em ômega-3, óleos e vitaminas tornou-se hoje um luxo adorável.

Há décadas, o esturjão selvagem desapareceu em grande parte de seus hábitats naturais no mar Cáspio. A piscicultura evoluiu e a produção do caviar conheceu um verdadeiro progresso em diversos continentes. Atualmente, encontramos na maioria dos lugares, criadouros de esturjão siberiano (*Acipenser baeri*), de grãos âmbar-acinzentados e reflexos dourados. Assim, o caviar da Gironda é uma categoria de produção controlada, igual ao caviar russo ou o iraniano.

Uma lata de caviar deve ser conservada na geladeira entre dois e quatro graus e servida em temperatura ambiente. Para evitar qualquer alteração de sabor, recomenda-se utilizar colheres de porcelana, madrepérola ou de chifre.

Cada caviar tem sua personalidade... A cada colherada, uma nova aventura se inicia!

UTENSÍLIOS

Os utensílios a seguir são citados ao longo do livro para o preparo das receitas. Caso não tenha em sua cozinha algum deles, substitua por similares.

Aros cortadores

São úteis para dar forma a pães, tortas e massas, e possibilitam uma apresentação mais agradável e exata na hora de servir os pratos. Você pode utilizá-los em seus mais diversos formatos e tamanhos.

Colheres de porcelana, madrepérola e chifre

O caviar deve ser servido, quando diretamente, em pequenas colheres de porcelana, madrepérola ou chifre para que não haja alteração em seu sabor. Além disso, as colheres complementam a apresentação do prato e facilitam a degustação.

Faca

A qualidade e o tipo de lâmina influenciam o modo de preparar os alimentos. Procure ter uma de qualidade, que facilite os cortes e a apresentação final do prato.

Fôrmas

Podem ser retangulares ou redondas, assadeiras de alumínio, inox, antiaderentes ou de silicone. As pequenas de silicone, ideais para *muffins* ou *cupcakes*, permitem elaborar porções individuais e são fáceis de limpar.

Fouet

Após a poularização da batedeira, os fouets caíram em desuso, no entanto continuam sendo muito úteis para bater ingredientes delicados, que precisam de cuidado.

Mandolin

Ralador e fatiador mandolin é um utensílio que permite o corte fino e preciso de legumes, frutas, ovos ou queijo.

Pincel

Para untar fôrmas, panelas, massas e diversos alimentos, o pincel permite que você espalhe manteiga ou azeite com mais facilidade.

Ramequins

Pequenas tigelas de porcelana, os ramequins são muito úteis para servir cozidos ou gratinados em porções individuais, já que podem ir ao forno.

Suporte para ovos

Para servir ovos cozidos diretamente à mesa, os suportes podem ser decorados, de porcelana, de vidro, de plástico ou cromados. Adquira um conforme sua preferência.

RECEITAS

SUSHI DE CAVIAR

INGREDIENTES
25 g de caviar
8 batatas pequenas descascadas
4 fatias finas de salmão defumado
1 talo de alho-poró
Sal e pimenta-do-reino a gosto
1 limão-siciliano
4 colheres (de café) de creme de leite fresco

MODO DE PREPARO
Corte as extremidades das batatas e cozinhe-as em água com sal. Tome cuidado para que as batatas não cozinhem demais e desmanchem. Depois que estiverem cozidas, reserve-as até amornar. Tempere as fatias de salmão defumado com pimenta-do-reino e limão a gosto, depois corte-as em lâminas do mesmo tamanho e espessura das batatas. Envolva as batatas, ainda mornas, com as lâminas de salmão defumado. Ferva o alho-poró rapidamente e depois passe-o na água gelada. Corte 8 tiras. Junte o salmão defumado com as tiras de alho-poró com as fatias de batata, coloque uma colher (de café) de creme de leite fresco por cima e adicione delicadamente o caviar.

TEMPO DE PREPARO: 40 MINUTOS   RENDIMENTO: 4 PORÇÕES

Panna cotta de caviar

INGREDIENTES
50 g de caviar
½ litro de creme de leite
3 folhas de gelatina
20 g de manteiga
Sal e pimenta-do-reino a gosto

MODO DE PREPARO
Mergulhe as folhas de gelatina na água fria por 5 a 10 minutos. Ferva levemente o creme de leite e adicione a gelatina já amolecida. Tempere com sal, manteiga e pimenta a gosto, divida a preparação em dois ramequins e leve à geladeira por 4 horas. Quando for servir, desenforme a panna cotta mergulhando os ramequins em água morna durante alguns minutos. Vire os ramequins sobre os pratos e cubra com caviar. A panna cotta harmoniza maravilhosamente com um peixe cozido ou grelhado. *Très chic!*

TEMPO DE PREPARO: 20 MINUTOS   RENDIMENTO: 4 PORÇÕES

MARMOREADO DE CAVIAR

INGREDIENTES
50 g de caviar
250 ml de creme de leite fresco
Sal refinado

MODO DE PREPARO
Este prato é um creme glaceado, um pouco espesso, que ficará com uma textura granulada.
Misture bem delicadamente o creme de leite fresco, ainda gelado, com 50 gramas de caviar. Tempere com sal a gosto.
Despeje essa mistura em fôrmas e leve-as ao congelador por 4 a 6 horas.
Desenforme e sirva com musse de truta defumada ou salmão marinado e temperado do tipo *Gravad Lax*, ou ainda, como os czares russos faziam, sobre um *steak tartare*.
Uma disputa entre a audácia e a elegância!

TEMPO DE PREPARO: 15 MINUTOS   RENDIMENTO: 4 PORÇÕES

Tatin de caviar

INGREDIENTES

120 g de caviar
8 gemas cozidas
1 échalote cortada fina
3 colheres (de sopa) de manteiga sem sal
3 colheres (de sopa) de creme de leite fresco
2 colheres (de café) de raspas de limão-siciliano
2 limões-sicilianos
Sal e pimenta-do-reino a gosto
1 pitada de pimenta-caiena
12 torradas
Aros cortadores em formato de sua preferência

MODO DE PREPARO

Desfaça as gemas com um garfo. Adicione a échalote, a manteiga derretida, as raspas do limão e o creme de leite fresco. A textura do creme deve ficar firme. Misture e leve para a geladeira durante 3 horas. Amasse essa mistura em um aro cortador com as costas de uma colher (de sopa) e retorne para a geladeira. Antes de retirar o aro cortador, cubra o creme com algumas gemas restantes e um pouco de caviar. Sirva acompanhado de fatias de limão, torradas e pequenos chips de maçã.

Chips de maçã

Em uma tigela, despeje 2 maçãs com casca, uma xícara de água e uma colher (de sopa) de suco de limão. Fatie em rodelas de espessura média, utilizando um mandolin para obter fatias regulares e com a mesma espessura. Salpique um pouco de açúcar e leve ao forno em uma fôrma forrada com papel-manteiga. A temperatura do forno deve ser baixa. Dentro de 3 minutos os chips de maçã ficarão dourados e crocantes.

TEMPO DE PREPARO: 30 MINUTOS	RENDIMENTO: 6 PORÇÕES

Ovos cozidos e tiras de pão

INGREDIENTES

6 ovos
50 g de caviar
50 g de ovas de salmão
30 g de manteiga
6 colheres (de sopa) de creme de leite fresco
Sal e pimenta-do-reino a gosto
Tiras de pão

MODO DE PREPARO

Preaqueça o forno em fogo médio. Unte com bastante manteiga 6 ramequins e quebre um ovo dentro de cada um desses recipientes. Tempere o creme de leite fresco com sal e pimenta a gosto e depois esquente a mistura em fogo baixo com 10 gramas de manteiga até ferver. Desligue o fogo e despeje esse molho sobre os ovos.
Leve os ramequins para o forno de 5 a 7 minutos em banho-maria. Sirva os ovos acompanhados de tiras de pão tostadas na manteiga, mergulhadas no caviar e nas ovas de salmão.

DICA: Para impressionar seus convidados, faça como nos restaurantes refinados: sirva em pequenos pratos quentes. Umedeça-os com uma mistura de água e limão e leve ao micro-ondas por um minuto. Os pratos estarão na temperatura ideal!

TEMPO DE PREPARO: 15 MINUTOS RENDIMENTO: 6 PORÇÕES

Minissanduíches de caviar

INGREDIENTES
60 g de caviar
1 baguete
1 limão-siciliano
2 dentes de alho
6 pimentões vermelhos
Azeite de oliva
Sal e pimenta-do-reino a gosto

MODO DE PREPARO
Envolva os pimentões em papel-alumínio untado com azeite e leve ao forno em temperatura média por aproximadamente 30 minutos. Retire do forno e deixe escorrer em um papel-toalha. Retire a pele dos pimentões.
Bata em um liquidificador com os dentes de alho picados e o suco de limão. Tempere com sal e pimenta-do-reino e um fio de azeite. Coloque essa preparação sobre as fatias da baguete tostada.
Adicione uma bela colherada de caviar por cima.

TEMPO DE PREPARO: 45 MINUTOS	RENDIMENTO: 6 PORÇÕES

Tortinhas suíças de caviar

INGREDIENTES

500 g de batata
60 g de caviar
2 ovos
1 colher (de sopa) de farinha de trigo peneirada

Azeite de oliva
Sal e pimenta-do-reino a gosto
Creme de leite fresco

MODO DE PREPARO

Lave, descasque e corte as batatas em fatias finas. Para retirar o excesso de amido, lave as fatias de batata e em seguida seque-as bem. Em uma tigela grande, misture a farinha de trigo e os ovos. Adicione as batatas, coloque sal e pimenta a gosto.

Cubra o fundo de uma panela com azeite de oliva e esquente em fogo alto.

Em um aro cortador de 7 cm, coloque um pequeno pedaço de batata e modele com uma colher. Repita a técnica 4 vezes. Cozinhe por 4 a 5 minutos de cada lado, na panela com azeite aquecida, até que eles fiquem bem dourados e crocantes.

Enxugue em papel-toalha e conserve quente. Ao servir, faça um buraco em cada torta, coloque uma colher (de sopa) de creme de leite fresco e acrescente uma generosa quantidade de caviar.

| TEMPO DE PREPARO: 60 MINUTOS | RENDIMENTO: 4 PORÇÕES |

SALADA DE DIVA

INGREDIENTES

500 g de vagem bem fina
40 g de caviar
1 bloco de foie gras
2 endívias
1 cebola
Vinagre de framboesa
Azeite de oliva
Sal e pimenta-do-reino a gosto

MODO DE PREPARO

Ferva a vagem em água com sal por 5 a 6 minutos. Escorra e mergulhe a vagem imediatamente em água gelada para fixar a clorofila.
Prepare o vinagrete com 3 colheres (de sopa) de azeite de oliva, 1 colher (de sopa) de vinagre de framboesa, 1 cebola cortada fininha, sal e pimenta a gosto. Despeje o vinagrete sobre a vagem.
Decore os pratos com alguns cubos de foie gras, recheie as folhas das endívias com vinagrete e finalize com um pouco de caviar.

| TEMPO DE PREPARO: 15 MINUTOS | RENDIMENTO: 4 PORÇÕES |

NENÚFAR DE CAVIAR

INGREDIENTES
50 g de caviar
6 tomates firmes médios
4 colheres (sopa) de azeite de oliva frutado
1 pacote de muçarela de búfala
1 colher (café) de açúcar mascavo
1 dente de alho prensado
2 colheres (sopa) de vinagre balsâmico
Sal e pimenta-do-reino a gosto

MODO DE PREPARO
Prepare uma marinada com azeite, vinagre, açúcar, alho, sal e pimenta.
Corte cada tomate em 6 pedaços (formato de barquinhas), retirando as sementes.
Despeje a marinada sobre os tomates e as muçarelas. Cubra e deixe descansar fora da geladeira.
Escorra tudo. Faça uma fenda nas bolinhas de muçarela, preencha com caviar e espete em um palito de madeira, prendendo nas pontas das fatias de tomate.

TEMPO DE PREPARO: 20 MINUTOS   RENDIMENTO: 6 PORÇÕES

Carpaccio de abacaxi com caviar

INGREDIENTES

60 g de caviar
150 g de queijo mascarpone
1 abacaxi não muito maduro
4 limões

Manteiga com sal
Azeite de oliva
Sal e pimenta-do-reino a gosto

MODO DE PREPARO

Descarte o topo e a base do abacaxi. Depois corte as laterais, retirando toda a casca. Corte a fruta em fatias bem finas, retirando o miolo de cada uma delas.

Em uma frigideira, coloque um pouco de manteiga e grelhe em fogo baixo as fatias de abacaxi. Acrescente um filete de azeite de oliva. Deixe-as dourar por 3 minutos de cada lado. Acrescente sal a gosto e o queijo mascarpone, adicionando as raspas dos 4 limões.

Coloque uma fatia de abacaxi em cada prato. Adicione uma colher (de sopa) de queijo mascarpone antes de completar com duas colheres (de café) de caviar.

DICA: Sirva de entrada, acompanhado de uma taça de champanhe bem gelada.

TEMPO DE PREPARO: 30 MINUTOS   RENDIMENTO: 6 PORÇÕES

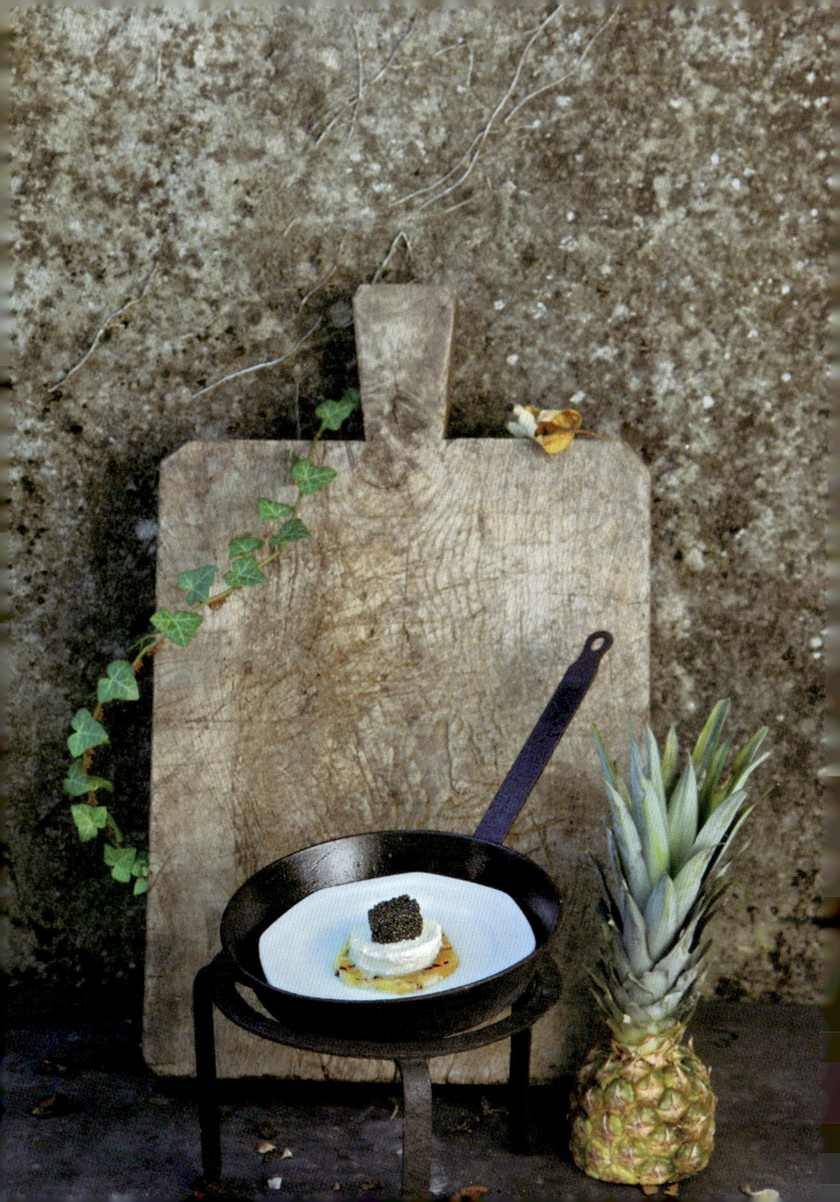

Ovos benedict com caviar

INGREDIENTES

30 g de caviar
1 brioche pequeno ou uma fatia de pão preto rústico ou italiano
5 ovos
1 limão-siciliano
250 g de manteiga
Sal e pimenta-do-reino a gosto
Vinagre branco

MODO DE PREPARO

Faça o molho holandês 30 minutos antes: despeje em uma panela pequena duas colheres (sopa) de água e três gemas. Cozinhe no banho-maria e bata até obter um creme homogêneo. Corte a manteiga em cubos e coloque um a um no creme. Acrescente sal a gosto, depois o suco e as raspas de limão, sem parar de bater. Mergulhe a panela em água morna para interromper o cozimento.
Parta o brioche em dois e toste. Com o aro cortador, corte fatias redondas em cada metade do pão.
Mergulhe os dois ovos restantes em água levemente fervente, na qual você irá acrescentar um fio de vinagre branco.
Coloque cada ovo mole bem escorrido sobre o pão, acrescente uma generosa colher de molho holandês e decore com caviar.
Os ovos *Benedict* são um sucesso dos brunchs americanos.

TEMPO DE PREPARO: 45 MINUTOS	RENDIMENTO: 2 PORÇÕES

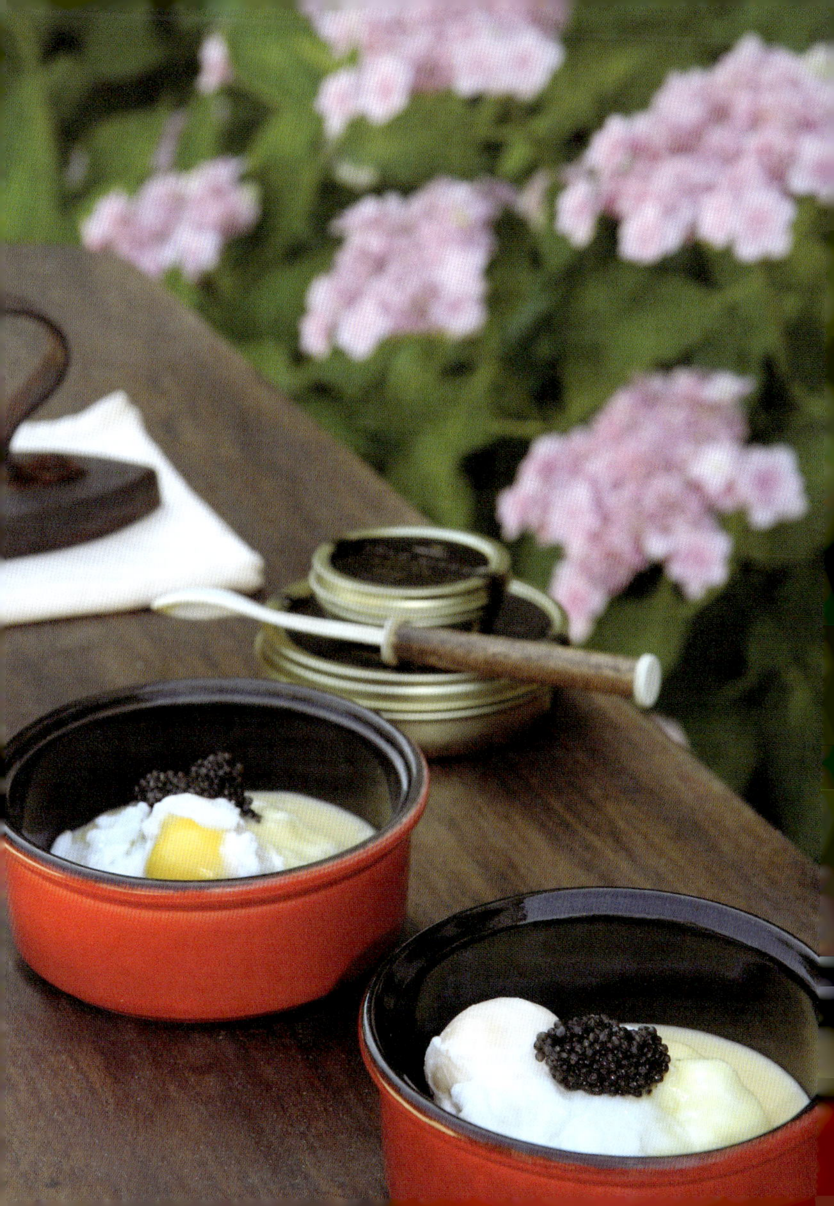

WAFFLES ESCANDINAVOS

INGREDIENTES

60 g de caviar
400 g de farinha de trigo
125 g de manteiga
3 ovos
250 ml de leite integral
Creme de leite fresco

1 ramo de endro cortado fininho
1 pacote de muçarela de búfala
Seleta de frutos do mar
Azeite de oliva
Sal e pimenta-do-reino a gosto

MODO DE PREPARO

Derreta a manteiga e reserve para amornar. Bata a farinha de trigo, as gemas, o leite e a manteiga já derretida até obter uma massa homogênea. Bata as claras em neve até ficarem bem firmes e coloque uma pitada de sal. Acrescente um pouco de pimenta-do-reino e incorpore delicadamente à massa. Espalhe o endro cortado fininho. Preaqueça a máquina de waffle, unte-a com manteiga e coloque uma concha rasa da massa. Deixe cozinhar de 3 a 4 minutos observando a textura dos waffles. É necessário que eles estejam bem dourados. Corte os waffles em 2 ou em 4 partes, igualando as bordas. Em seguida, brinque com os recheios, colocando-os nos quadradinhos do waffle: o caviar, a muçarela temperada com azeite de oliva, o creme de leite fresco, o camarão frito, a anchova, o salmão cru marinado e outros frutos do mar à sua escolha. Essa receita evoca o prato tradicional muito apreciado nos países escandinavos, o *smörgasbord*.

TEMPO DE PREPARO: 40 MINUTOS — RENDIMENTO: 4 PORÇÕES

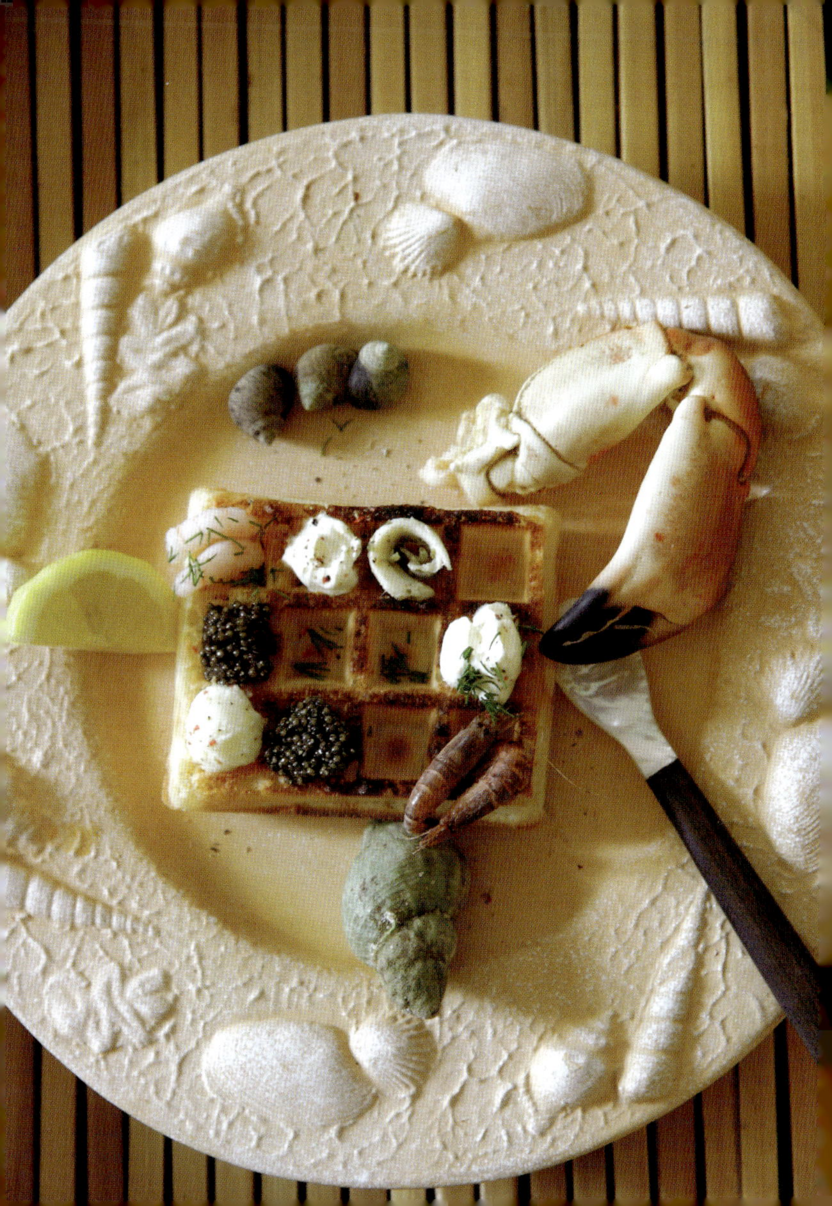

MOELA COM CAVIAR

INGREDIENTES
25 g de caviar
4 pedaços grandes de moela
2 folhas de louro
2 fatias finas de gengibre
Pão
Azeite de oliva
Sal de vinho Merlot

MODO DE PREPARO
Limpe bem as moelas com ajuda de uma faca. Com um pincel, unte com azeite de oliva. Em uma panela, coloque um fio de azeite, o louro e o gengibre. Cozinhe em fogo baixo, virando as moelas com frequência de 15 a 20 minutos. Adicione uma pitada de sal de vinho e depois acrescente uma colher (de café) de caviar.
Prepare algumas tiras de pão tostado para acompanhar o prato. Utilize panelas individuais para a apresentação.

TEMPO DE PREPARO: 30 MINUTOS   RENDIMENTO: 2 PORÇÕES

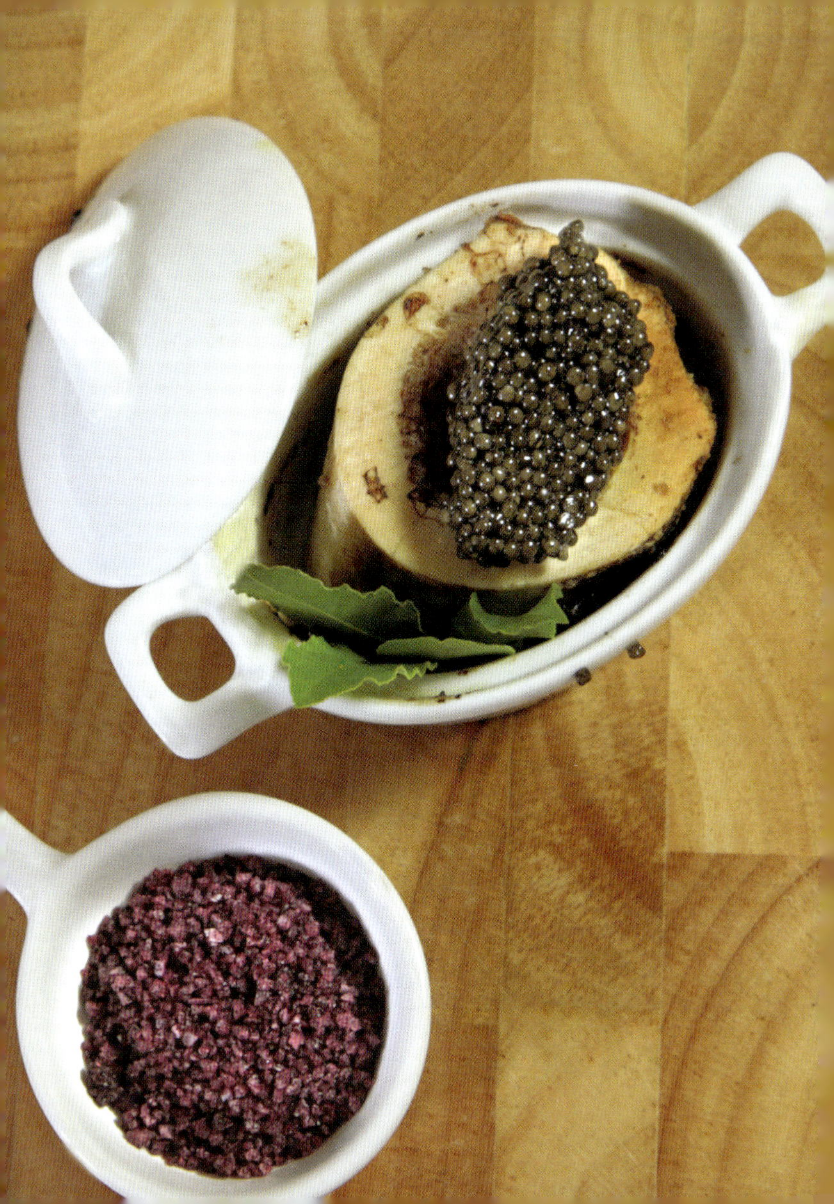

DELÍCIA DE OSTRAS E CAVIAR

INGREDIENTES

40 g de caviar
75 g de manteiga gelada
500 ml de vinho branco seco
75 g de massa folhada
10 g de cebola cortada bem fininha
100 g de folhas de espinafre
4 ostras
1 ovo
Sal e pimenta-do-reino a gosto

MODO DE PREPARO

Estique a massa folhada até ficar com 2 milímetros de espessura. Deixe descansar por 15 minutos. Corte 4 fatias ovais com o aro e pincele-as com a gema. Reserve a massa na geladeira por 15 minutos. Preaqueça o forno em temperatura média e asse as rodelas de massa por 10 minutos. Lave as folhas de espinafre e depois as coloque em uma panela com 1 colher (de sopa) de manteiga já morna, para fazê-las "suar". Coloque sal e pimenta a gosto, desligue o fogo e tampe a panela para manter as folhas mornas.

Abra as ostras, conservando o caldo. Separe com cuidado o miolo e a concha, escorrendo o caldo em uma peneira. Adicione o vinho branco e a cebola picada fininha ao caldo. Deixe ferver e reduzir à metade a quantidade desse molho. Desligue o fogo e misture 60 gramas de manteiga gelada ao molho. Deixe as ostras esfriarem por um minuto. Acrescente o caviar e sirva. Coloque as conchas das ostras vazias e limpas por 30 segundos no micro-ondas. Coloque um punhado de espinafre em cada concha, a ostra, e finalize com o molho de caviar. Sirva com a massa folhada.

TEMPO DE PREPARO: 60 MINUTOS — RENDIMENTO: 4 PORÇÕES

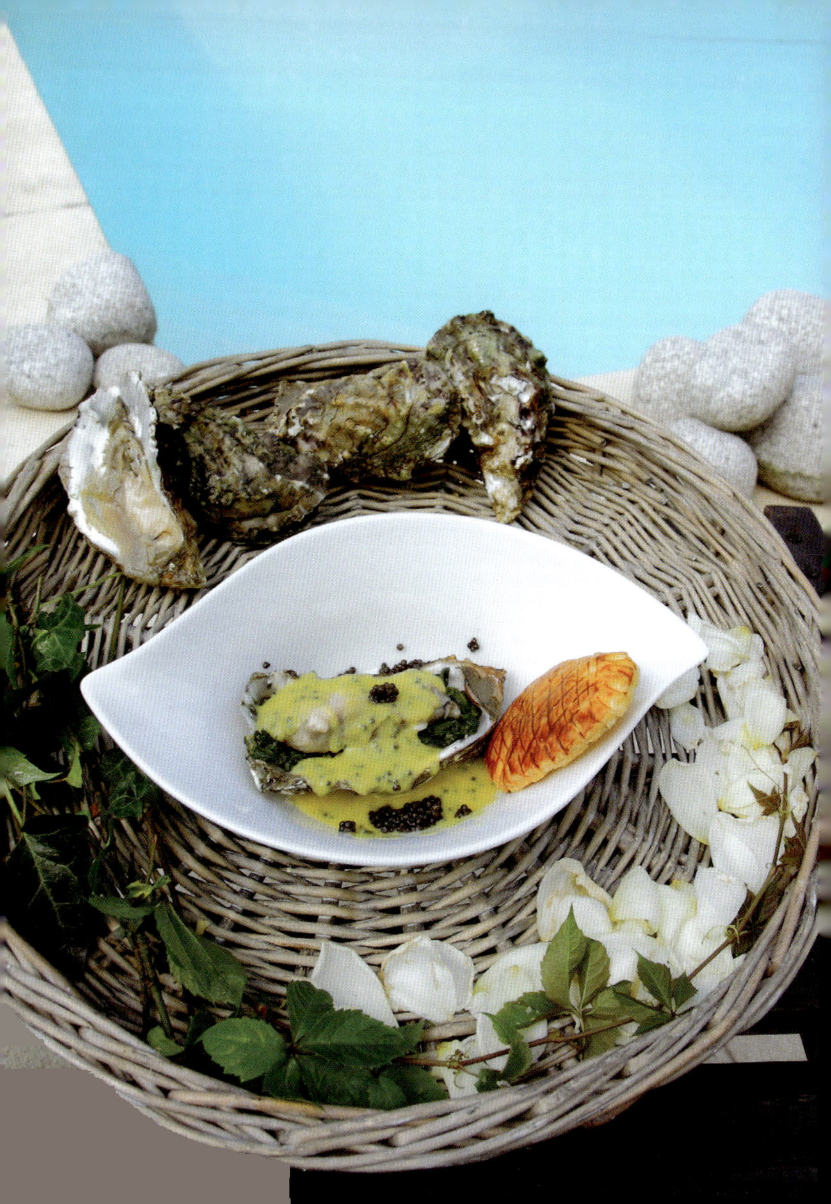

Café da manhã de São Valentim

INGREDIENTES
½ garrafa de champanhe brut
2 taças para champanhe
60g de caviar (2 latas)
2 laranjas
2 cubos pequenos de manteiga sem sal
2 ovos grandes
2 rosas vermelhas
Pão do tipo italiano

MODO DE PREPARO
Em uma bandeja decorada, coberta com um guardanapo, sirva dois Bellinis. Esse drinque, criado por Giuseppe Cipriani, é um emblema da cidade de Veneza. Para prepará-lo, pensando em um café da manhã especial, preencha a taça para champanhe com ¼ de suco de laranja e o restante com champanhe.
Fatie e toste o pão, ou ainda, se preferir, fatie com um aro cortador em formato de coração.
Cozinhe os ovos por 4 minutos, deixando-os com a gema mole.
Disponha tudo em uma bandeja decorada com as rosas e as latas de caviar.

TEMPO DE PREPARO: 20 MINUTOS   RENDIMENTO: 2 PORÇÕES

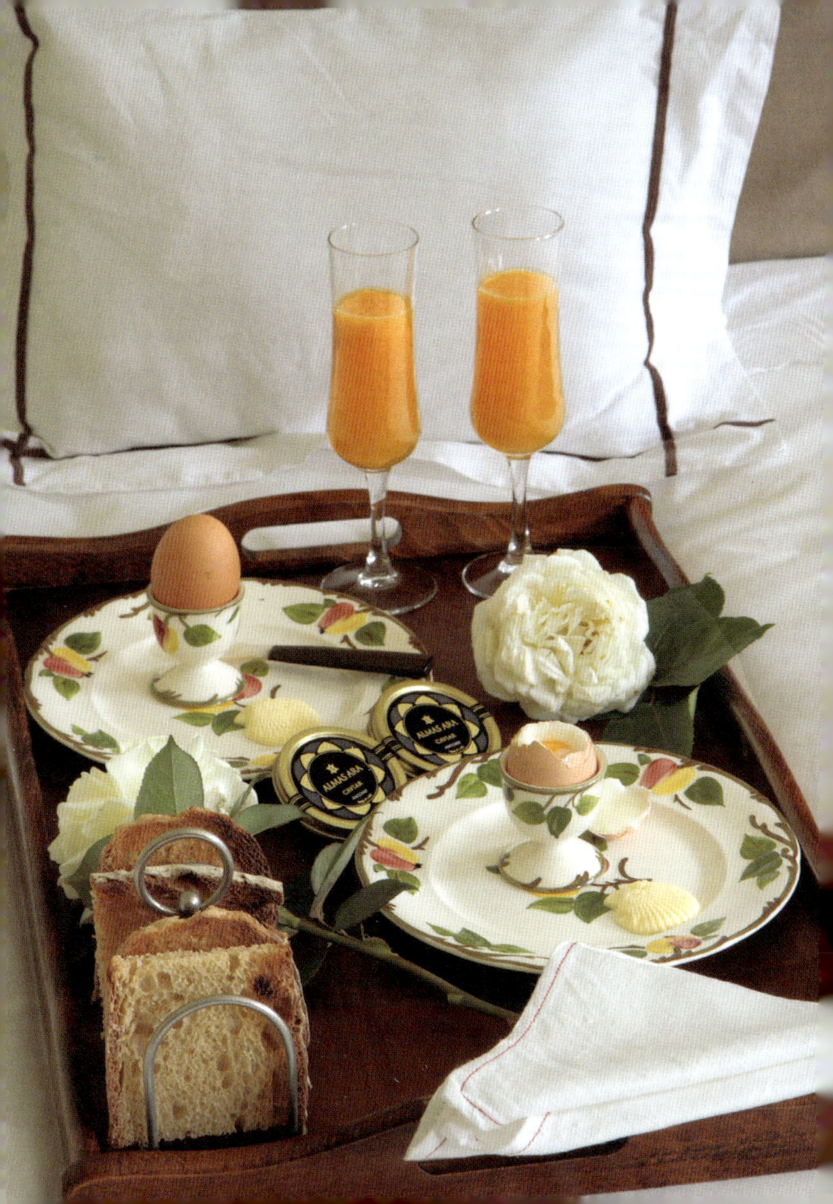
ALMAS ARA
CAVIAR
ALMAS ARA
CAVIAR

DUO DE MANGAS E CAVIAR

INGREDIENTES

15 g de caviar
2 mangas grandes e não muito maduras
2 fatias de foie gras
1 colher (de sopa) de vinagre de framboesa
4 colheres (de sopa) de manteiga
1 copo de vinho branco Sauternes
1 colher (de sopa) de açúcar
Sal e pimenta-do-reino a gosto

MODO DE PREPARO

Descasque e corte 4 fatias de manga, sendo 2 grandes e 2 médias. Numa frigideira com açúcar, adicione a manteiga, o vinagre e o vinho e grelhe as fatias de manga por 3 a 4 minutos. Deixe ferver a mistura levemente e tempere com sutileza. Deixe esfriar à temperatura ambiente.

Coloque as fatias de foie gras sobre as fatias grandes de manga e cubra delicadamente com a fatia menor. Regue as fatias com o caldo do cozimento. Decore com uma noz de caviar e sirva essa entrada em uma bonita taça. Como acompanhamento, sirva fatias de brioche levemente tostadas.

TEMPO DE PREPARO: 30 MINUTOS   RENDIMENTO: 2 PORÇÕES

CHATEAU AUSONE
SAINT-EMILION
1904
CHATEAU MARGAUX
PREMIER GRAND CRU CLASSE
CHATEAU
LA GAFFELIÈRE
SAINT-EMILION
1945
CHATEAU
LA MISSION HAUT BRION
1955
BORDEAUX
CORDIER
CHATEAU
LAFAURIE-PEYRAGUEY
Château
Mouton Rothschild

Quiche de caviar

INGREDIENTES

30 g de caviar
6 rodelas finas de massa podre
2 ovos
2 talos de alho-poró
1 xícara (de chá) de creme de leite

Azeite de oliva
1 colher (de sopa) de manteiga
Sal e pimenta-do-reino a gosto
1 pitada de pimenta-caiena

MODO DE PREPARO

Corte os talos de alho-poró em rodelas bem finas e depois coloque para dourar em uma frigideira com azeite e manteiga.
Deixe-os "suar" levemente, acrescentando sal e pimenta-do-reino a gosto. Desligue o fogo e reserve.
Em uma tigela, bata os ovos, adicione o creme de leite e tempere com a pimenta-caiena.
Corte 6 rodelas finas de massa podre. Forre o fundo das fôrmas, pressionando as bordas com um garfo. Coloque primeiro as rodelas de alho-poró e, em seguida, o creme temperado. Leve ao forno por 8 a 12 minutos em temperatura média.
Sirva morno com uma colher de caviar.

TEMPO DE PREPARO: 25 MINUTOS   RENDIMENTO: 2 PORÇÕES

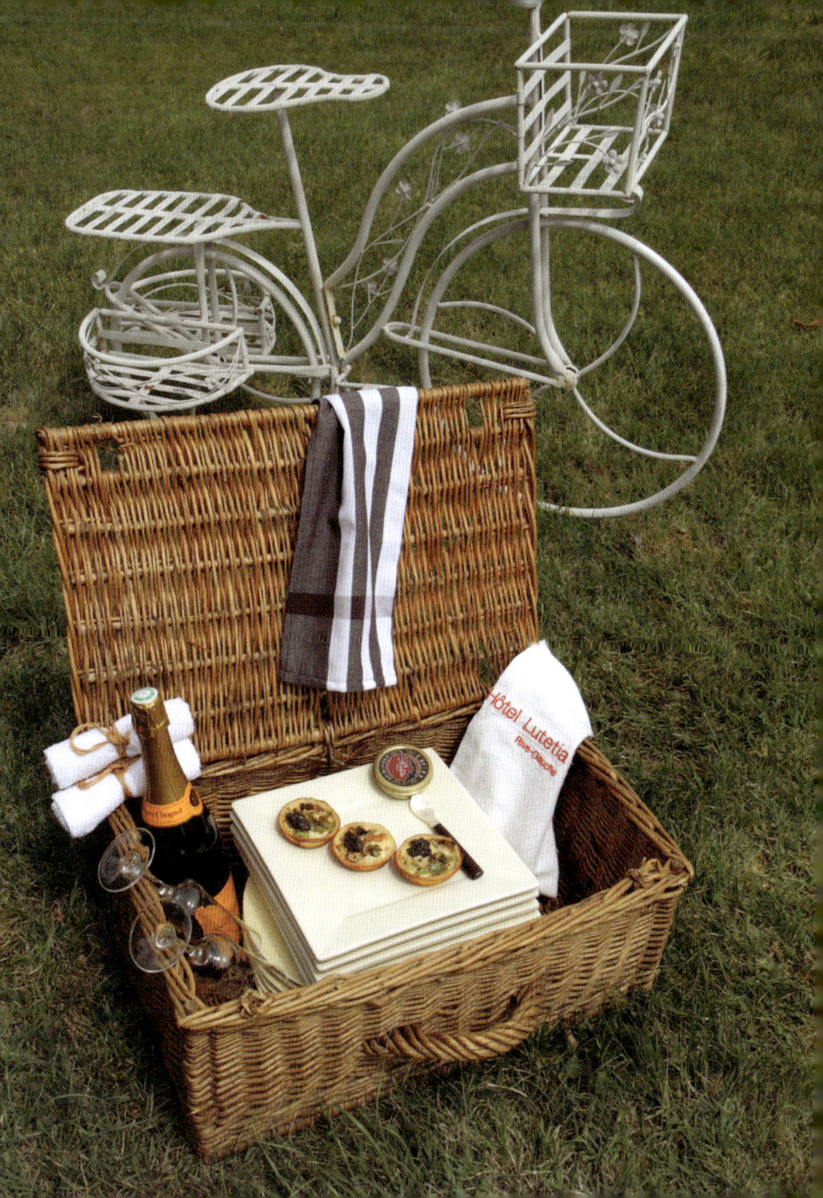
Hôtel Lutetia
Rive-Gauche

PRATOS PRINCIPAIS

Linguini, tangerina e caviar

INGREDIENTES

500 g de macarrão fresco do tipo linguini
75 g de caviar
2 tangerinas
3 ovos
½ litro de creme de leite
4 folhas de louro
1 limão-siciliano
Sal e pimenta-do-reino a gosto
Talos de cebolinha
Azeite de oliva

MODO DE PREPARO

Cozinhe o macarrão *al dente* em água fervente, com sal e azeite. Acrescente as folhas de louro e a casca do limão.

Enquanto isso, prepare o molho, batendo os ovos com o sal, a pimenta, o creme de leite, as raspas da casca de 2 tangerinas e a cebolinha fatiada bem fina.

Escorra a massa. Com o fogo desligado, despeje o molho.

Em cada prato, coloque meia casca de ovo lavada, preenchida com caviar. Prove imediatamente!

TEMPO DE PREPARO: 20 MINUTOS   RENDIMENTO: 6 PORÇÕES

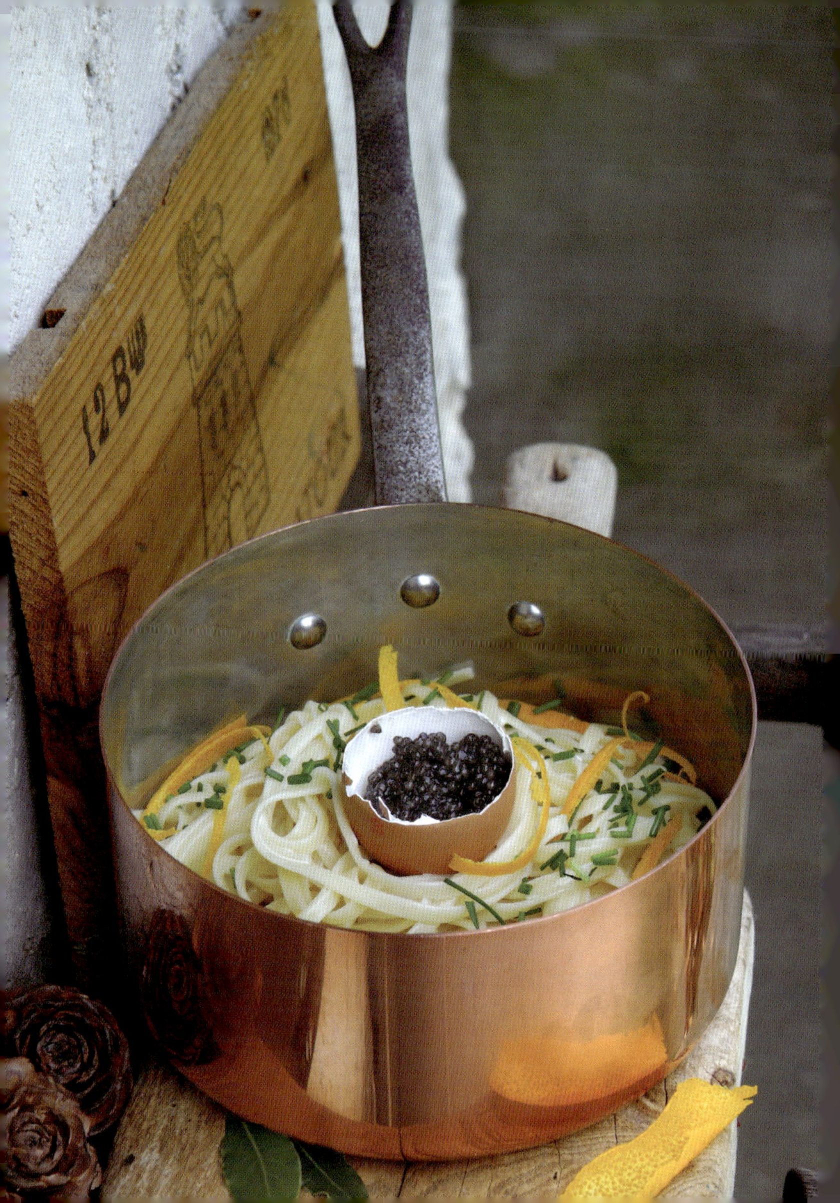

MINIPIZZAS DA ALTA-COSTURA

INGREDIENTES

1 massa para pizza
16 tomates secos
8 fatias finas de muçarela
40 g de caviar
2 colheres (de sopa) de açúcar
Mostarda Dijon
Sal e pimenta-do-reino a gosto
Aro cortador redondo de 5 cm
6 échalotes
Manteiga
Vinagre balsâmico

MODO DE PREPARO

Hidrate os tomates secos por 30 minutos, depois escorra-os. Estique a massa da pizza e corte em círculos pequenos com o aro cortador. Cubra as minipizzas com mostarda Dijon. Em seguida, adicione os tomates secos, tempere com sal, pimenta e um pouco de açúcar. Corte círculos de muçarela e coloque-os em cima dos tomates.
Leve ao forno em uma assadeira antiaderente por 10 minutos em temperatura média. Retire do forno e decore com o caviar.
Sirva em um prato com échalotes pequenas previamente caramelizadas com um pouco de açúcar, manteiga e um fio de vinagre balsâmico.

TEMPO DE PREPARO: 60 MINUTOS   RENDIMENTO: 4 PORÇÕES

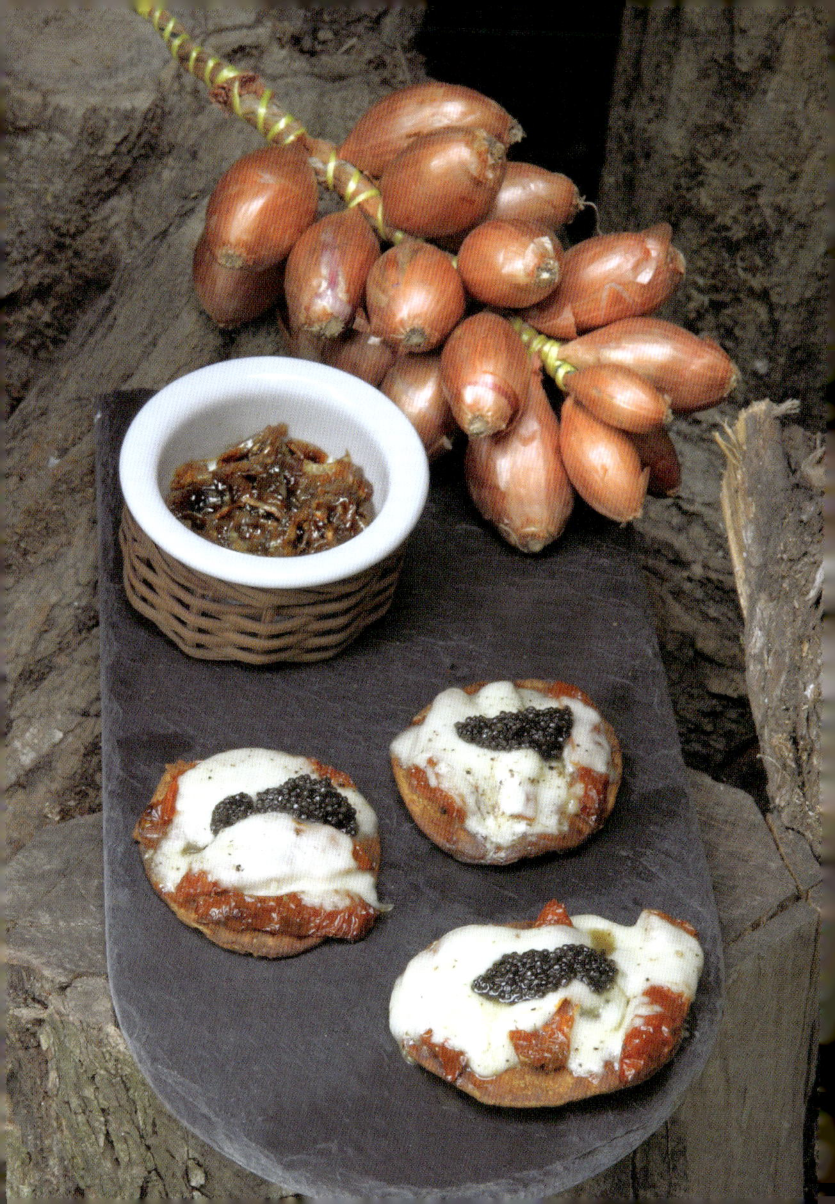

Peras cozidas, terra e mar

INGREDIENTES
200 g de queijo de cabra
40 g de caviar
2 peras
4 colheres (de sopa) de creme de leite fresco
1 limão-siciliano
4 ramos de tomilho
½ litro de vinho branco Sauternes
2 colheres (de sopa) de mel

MODO DE PREPARO
Em uma panela, coloque o mel, o vinho, as raspas de 1/2 limão e o tomilho. Cozinhe as peras descascadas durante 15 minutos, até que elas fiquem macias, mas não desmanchando. Escorra a água, corte-as em fatias finas, retirando a parte central das peras.
Sobre um prato, coloque as fatias de pera intercalando-as com finas fatias de queijo de cabra.
Em uma colher de porcelana chinesa, coloque uma colher (de sopa) de creme de leite fresco, e em outra, o caviar.
Receita fácil e simpática.

TEMPO DE PREPARO: 30 MINUTOS · RENDIMENTO: 4 PORÇÕES

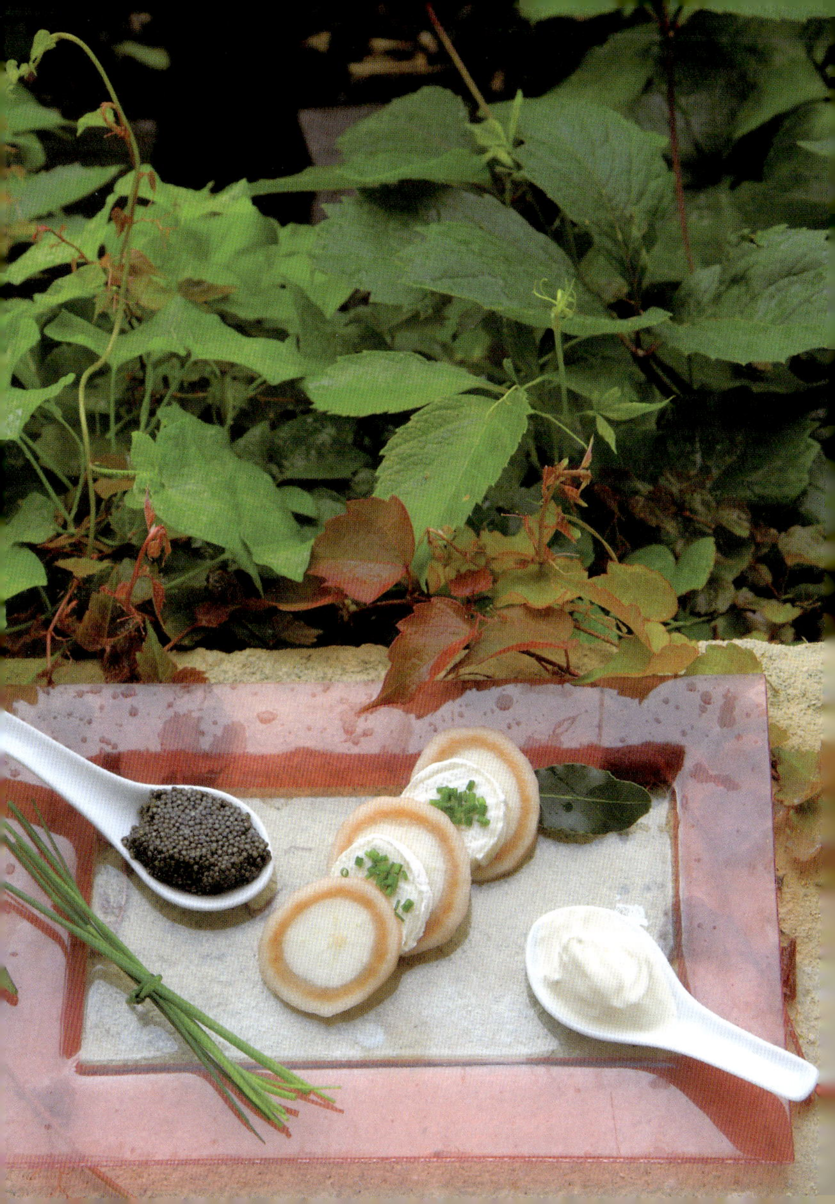

Cappuccino de caviar

INGREDIENTES
250 g de lentilhas pré-cozidas
40 g de caviar
4 colheres (de sopa) de creme de leite fresco
Seleta de legumes cozidos
8 colheres (de café) de creme de
leite comum
Tempero de sal, cebola e alho
Sal e pimenta-do-reino a gosto

MODO DE PREPARO
Despeje as lentilhas no liquidificador. Adicione a seleta de legumes.
Bata até alcançar uma textura aveludada.
Misture com 8 colheres (de sopa) de creme de leite comum.
Aqueça a mistura em uma panela, temperando-a.
Quando servir o caldo, coloque uma colher de creme de leite fresco e finalize com um toque de caviar.

TEMPO DE PREPARO: 20 MINUTOS   RENDIMENTO: 4 PORÇÕES

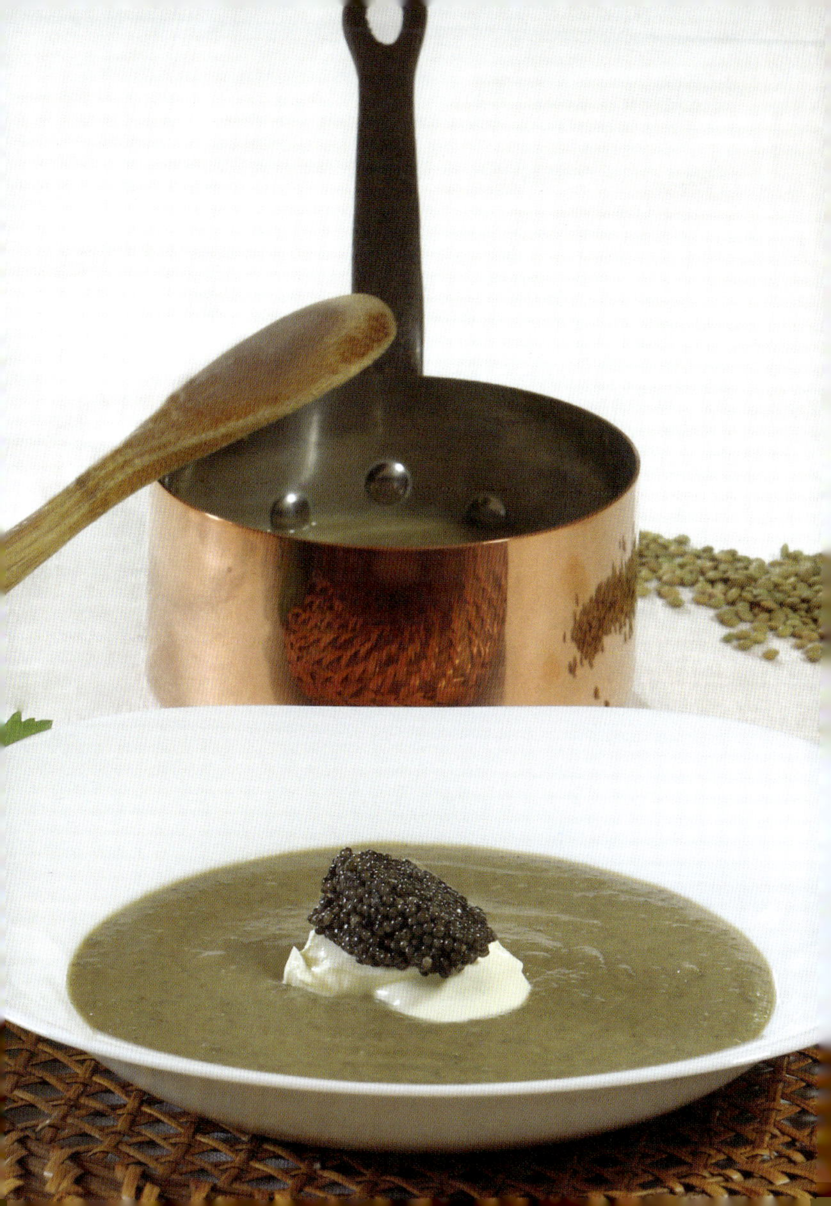

Alcachofra recheada com caviar

INGREDIENTES

75 g de caviar
12 fundos de alcachofra
6 ovos
1 colher (de sopa) de creme de leite comum
Ramos de cebolinha
Sal e pimenta-do-reino a gosto

MODO DE PREPARO

Cozinhe os fundos de alcachofra numa panela com água e uma pitada de sal. Escorra e misture cuidadosamente um pouco de manteiga até que ela derreta. Reserve até amornar.
Prepare os ovos mexidos e adicione o creme de leite, uma colher (de sopa) de manteiga e tempere com sal e pimenta-do-reino a gosto.
Preencha os fundos de alcachofra com os ovos mexidos.
Decore com um pouco de caviar e alguns ramos de cebolinha.

TEMPO DE PREPARO: 25 MINUTOS — RENDIMENTO: 6 PORÇÕES

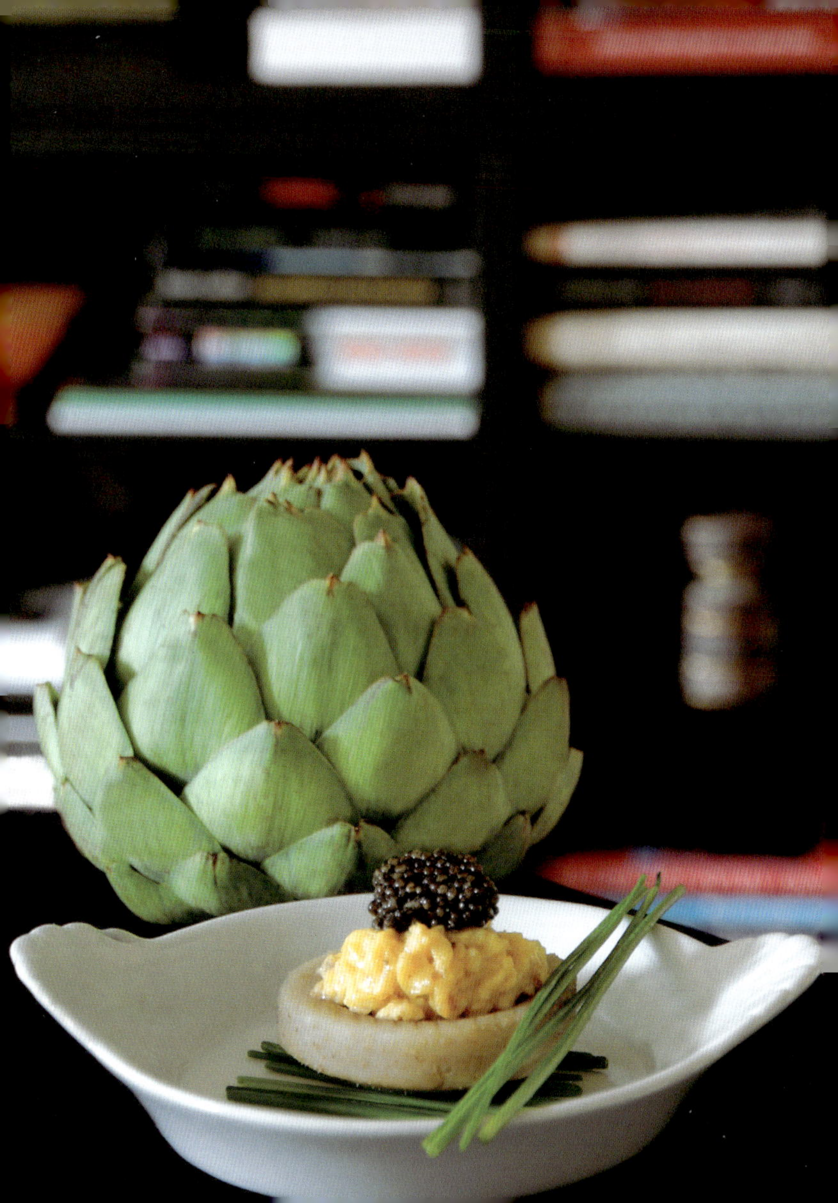

Tiramisu de caviar

INGREDIENTES
80 g de caviar
2 palitos de queijo
2 fatias finas de salmão defumado
2 taças para champanhe
Creme de leite fresco
Ramos de endro

MODO DE PREPARO
Coloque delicadamente uma colher (de sopa) de creme de leite fresco recém-retirado da geladeira dentro de uma taça para champanhe. Alterne sucessivamente uma camada de caviar e uma camada de creme de leite fresco. Finalize com o caviar.
Enrole o salmão defumado em torno dos palitos de queijo, com um ramo de endro, e depois coloque cuidadosamente sobre a taça.
Para uma apresentação perfeita, é indispensável limpar a borda da taça a cada etapa.

TEMPO DE PREPARO: 15 MINUTOS RENDIMENTO: 2 PORÇÕES

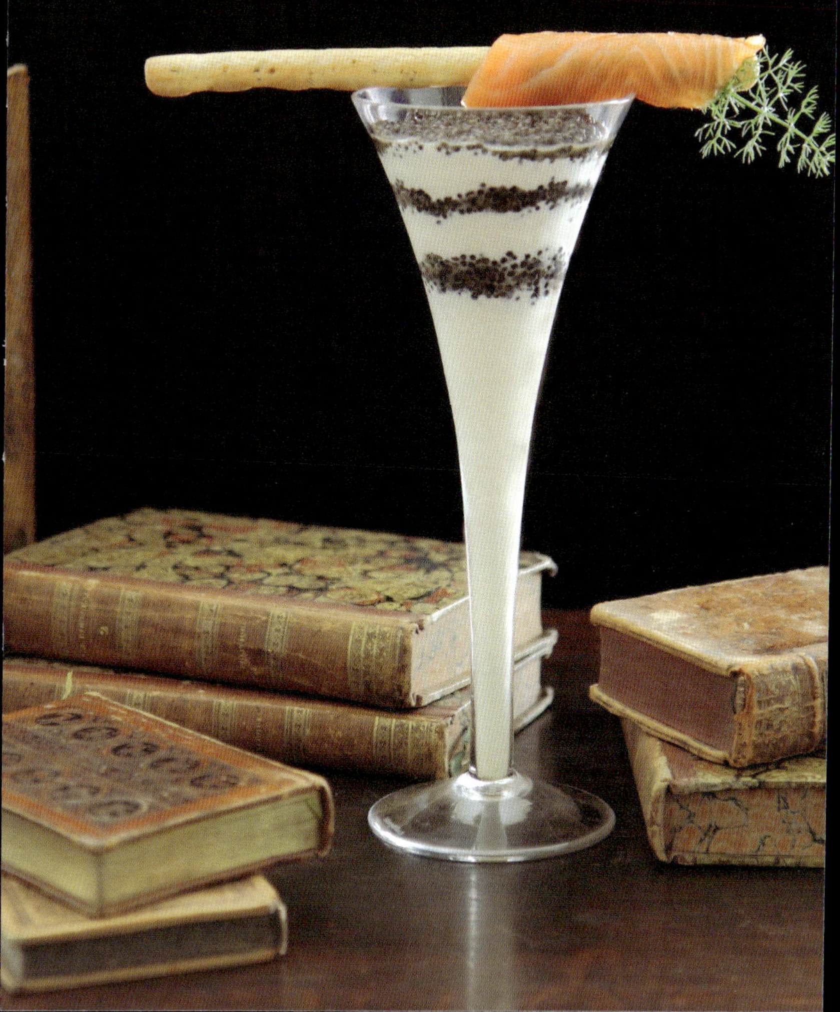

Vol-au-vent de caviar

INGREDIENTES

- 30 g de caviar
- 4 *vol-au-vents*
- 12 aspargos verdes pequenos
- 2 cebolas
- 1 copo de creme de leite
- 1 pitada de curry
- Manteiga
- Azeite de oliva
- Sal e pimenta-do-reino a gosto

MODO DE PREPARO

Descarte a parte mais dura dos aspargos. Cozinhe em água com sal por 5 minutos. Cuidado para não cozinhar muito, pois os aspargos devem permanecer crocantes.

Ao finalizar o cozimento, escorra-os em água fria e depois fatie. Reserve 4 pontas para a decoração.

Aqueça o azeite de oliva e a manteiga em uma panela e depois adicione os aspargos, a cebola cortada fininha, sal e pimenta a gosto. Despeje o creme de leite, a pitada de curry e cozinhe em fogo baixo por 5 minutos.

Aqueça novamente os *vol-au-vents* e decore-os com a preparação de aspargos ainda morna. Decore com caviar e a ponta de aspargo.

TEMPO DE PREPARO: 30 MINUTOS · RENDIMENTO: 4 PORÇÕES

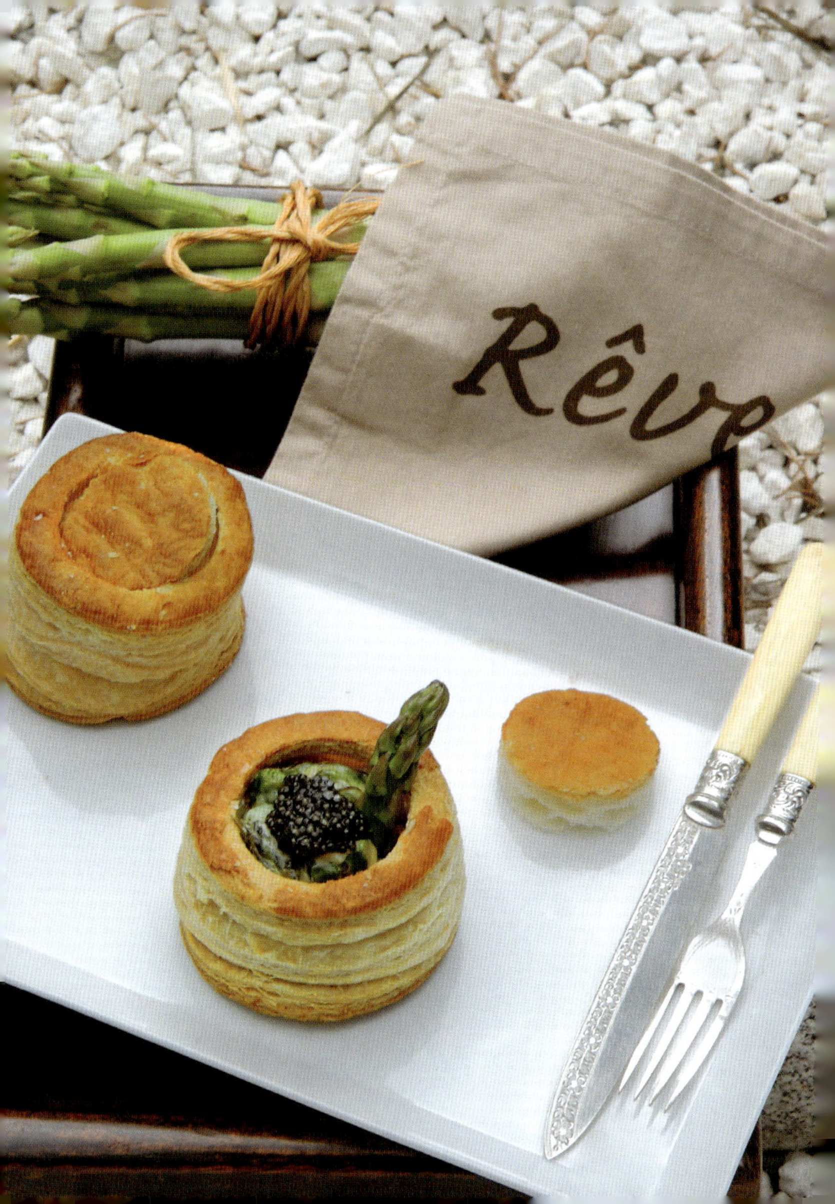
Rêve

BATATAS COM LIMÃO E CAVIAR

INGREDIENTES

40 g de caviar
4 batatas pequenas
2 limões-sicilianos
Azeite de oliva
Ramos de alecrim
Sal e pimenta-do-reino a gosto

MODO DE PREPARO

Cozinhe as batatas na água com sal, depois descasque-as e corte cada uma em duas metades. Corte os limões em 2 fatias e coloque-os em uma fôrma. Sobre cada fatia de limão, ponha um ramo de alecrim e, em seguida, uma metade de batata. Despeje fios generosos de azeite de oliva, tempere com sal e pimenta a gosto. Leve ao forno em temperatura média até dourar.

Servir imediatamente, adicionando uma colher de caviar sobre a batata. Essas batatas com limão são ideias para acompanhar qualquer tipo de peixe cozido no vapor ou grelhado em papel-alumínio.

Opção de molho: Gremolata

Gremolata é um molho italiano à base de ervas.

INGREDIENTES

4 raspas de limão-siciliano
1 dente de alho prensado
½ xícara de salsinha fresca picada
2 colheres (de sopa) de cebola picada
Sal e pimenta-do-reino a gosto
Azeite de oliva

MODO DE PREPARO

Ferva os ingredientes em uma panela regando com azeite, até reduzir. Se a textura ficar seca, adicione mais azeite.

TEMPO DE PREPARO: 45 MINUTOS   RENDIMENTO: 4 PORÇÕES

CAVIAR
Perlita
D'AQUITAINE

Mexilhões com caviar

INGREDIENTES

1,5 kg de mexilhão
50 g de caviar
50 g de manteiga
2 copos de vinho branco
1 cebola grande
2 échalotes

250 ml de creme de leite comum
1 colher (de sopa) de mascarpone
Ramos de salsinha lisa fresca
Sal e pimenta-do-reino a gosto

MODO DE PREPARO

Corte a cebola bem fina e as échalotes e frite na manteiga em uma panela grande. Adicione a salsinha picada e o vinho branco. Cozinhe o mexilhão de 5 a 8 minutos. Em seguida, passe numa peneira e reserve o molho utilizado no cozimento. Separe alguns dos mexilhões mais bonitos para montar a apresentação do prato. Peneire o caldo, acrescente apenas a carne do mexilhão (sem a concha) e o creme de leite. Deixe ferver por 5 minutos. Bata tudo no liquidificador. Acrescente uma colher (de sopa) de mascarpone. Despeje esse creme em bonitas taças. Deixe na geladeira e retire apenas no momento de servir, finalizando com uma colher de caviar.

TEMPO DE PREPARO: 30 MINUTOS	RENDIMENTO: 4 PORÇÕES

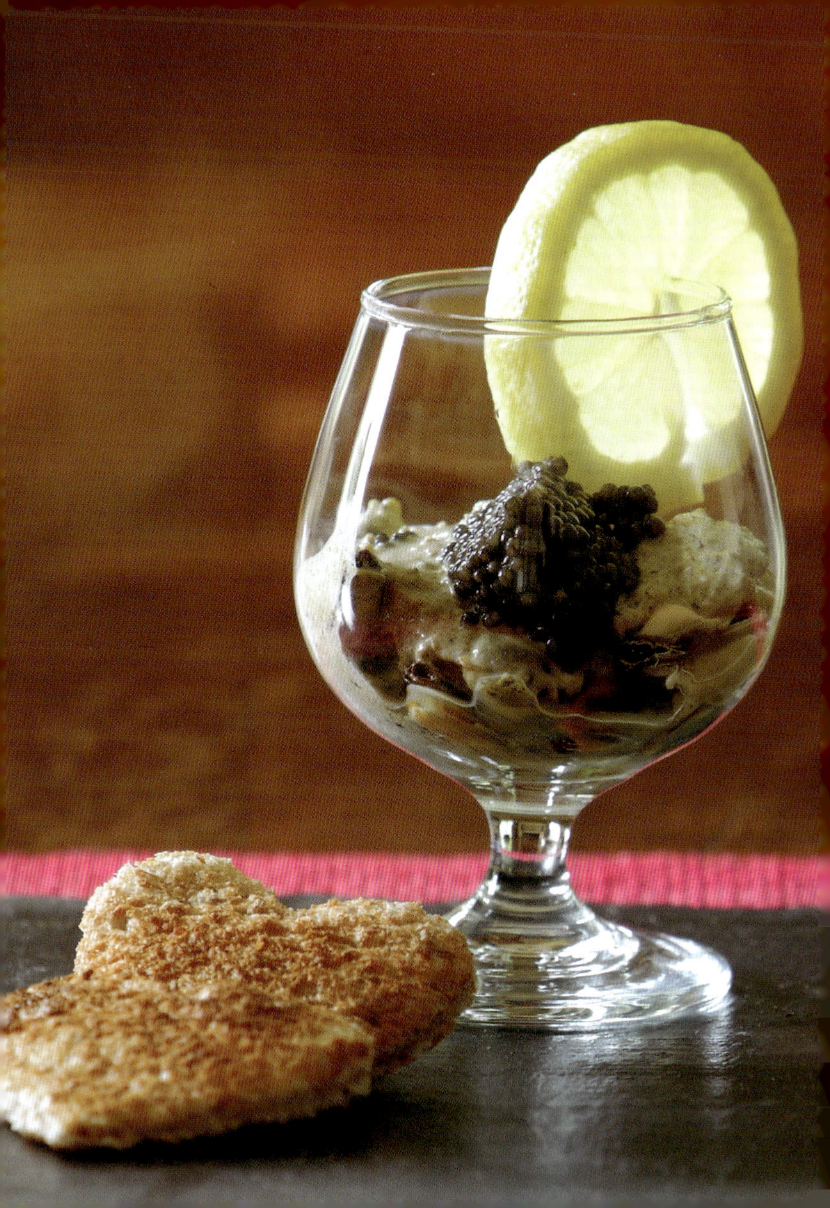

Tagliatelles de aspargos e caviar

INGREDIENTES

500 g de *tagliatelles*
24 aspargos brancos
125 g de manteiga gelada
50 ml de creme de leite
50 g de caviar

100 ml de vinho branco seco
½ limão-siciliano
1 cebola
Sal e pimenta-do-reino a gosto

MODO DE PREPARO

Limpe delicadamente os aspargos e descarte a parte dura.
Com uma faca pequena, corte-os em tiras, seguindo o comprimento dos aspargos. Mergulhe as tiras por apenas 2 minutos em uma panela com água fervente e sal. Escorra e conserve quente.

Manteiga branca

Em uma panela, coloque o vinho branco, o suco de ½ limão e a cebola cortada fininha e aqueça para reduzir, até quase secar. Desligue o fogo, adicione os cubos de manteiga gelada e bata sem parar com um *fouet*. Finalize adicionando o creme de leite. Coe esse molho em uma peneira, misture cuidadosamente com o *tagliatelle* e o caviar. Fica delicioso!

TEMPO DE PREPARO: 20 MINUTOS	RENDIMENTO: 4 PORÇÕES

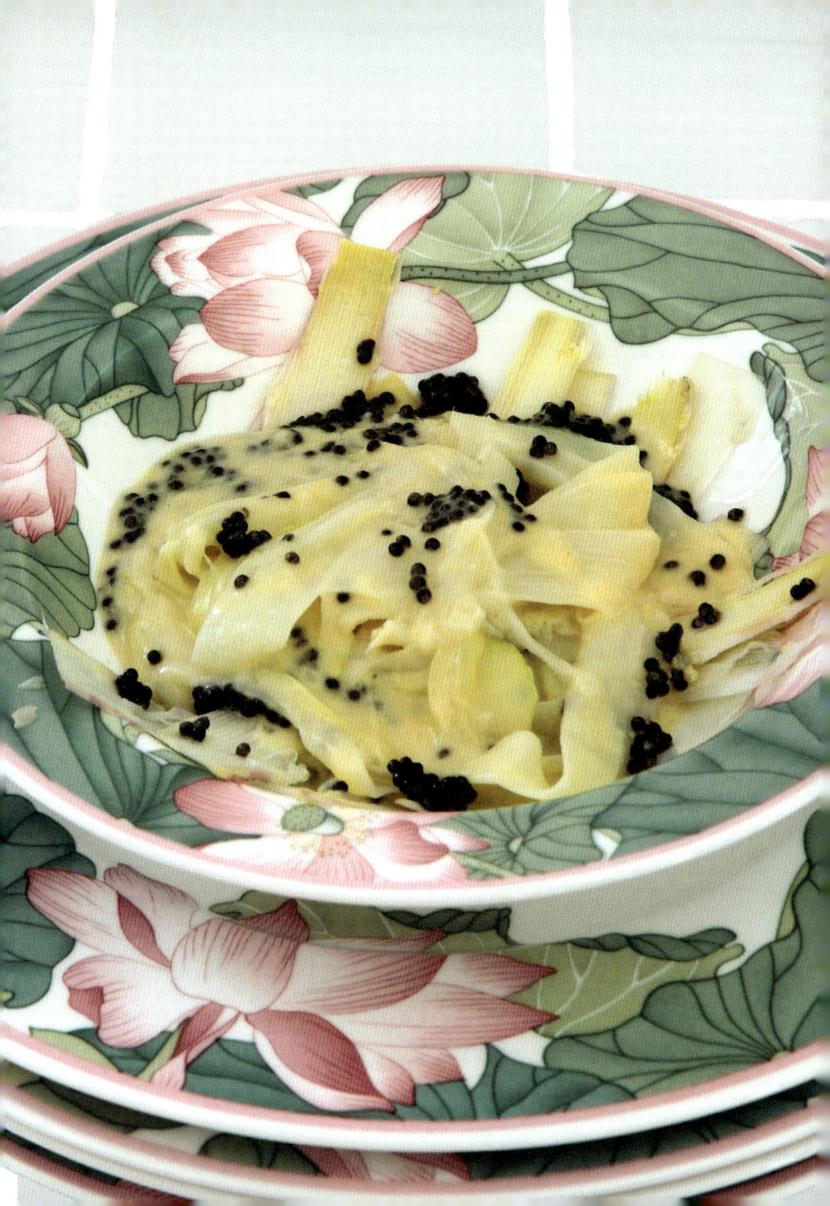

Caviar Osetra e suas tradições

INGREDIENTES

200 g de caviar
2 colheres de madrepérola
1 cebola roxa, média e cortada bem fininha
2 ovos cozidos
10 *blinis*

250 g de creme de leite fresco
1 garrafa de vodca
2 copos gelados, reservados previamente no congelador
2 limões cortados em 4 partes
Saladeira de vidro

MODO DE PREPARO

Prepare uma bela mesa de festa.
Distribua o caviar em belas tigelas. Harmonize com ramequins que contenham as cebolas cortadas fininhas, os ovos cozidos (gemas e claras picadas), o creme de leite fresco, as fatias de limão e os *blinis* mornos.

Blini

INGREDIENTES

500 g de batatas
4 ovos
2 colheres (de sopa) de farinha de trigo

50 ml de leite integral
Sal e pimenta-do-reino a gosto

MODO DE PREPARO

Faça um purê com 500 gramas de batatas. Adicione um ovo, 3 claras de ovo, 2 colheres (de sopa) de farinha peneirada, 50 ml de leite integral, sal e pimenta a gosto. Cozinhe e deixe formar uma crosta em uma frigideira untada com bastante azeite.

DICA: Preaqueça os *blinis* em banho-maria por 10 minutos antes de servir.

TEMPO DE PREPARO: 20 MINUTOS RENDIMENTO: 2 PORÇÕES

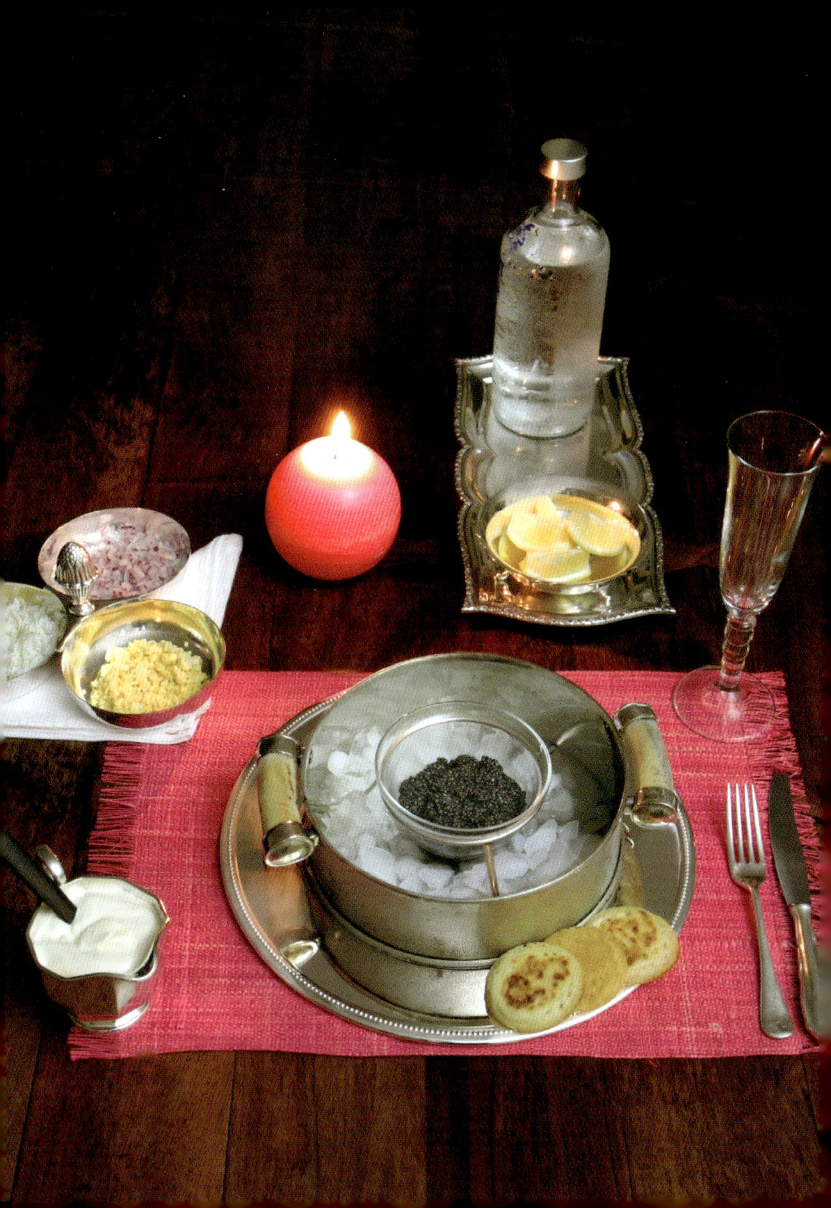

AGRADECIMENTOS

Gostaria de agradecer a Yves, cujo talento faz brilhar nossos olhos.

Jacques, por ter experimentado e aprovado.

Marie-Jo, minha devotada e apaixonada amiga.

Silvie, que aprecio imensamente.

Marie-Noël, uma artesã em desenvolvimento.

Guillaume, por sua paleta de sugestões.

E meus dois ocidentais, Aston e Pimms, que me viram fazer tudo, com uma vontade imensa de experimentar cada prato... e agora eles sonham com caviar!

ÍNDICE DE RECEITAS

A
Alcachofra recheada com caviar, 60

B
Batatas com limão e caviar, 66

C
Café da manhã de São Valentim, 46
Cappuccino de caviar, 58
Carpaccio de abacaxi com caviar, 36
Caviar Osetra e suas tradições, 72

D
Delícia de ostras e caviar, 44
Duo de mangas e caviar, 48

L
Linguini, tangerina e caviar, 52

M
Marmoreado de caviar, 22
Mexilhões com caviar, 68
Minipizzas da alta-costura, 54
Minissanduíches de caviar, 28
Moela com caviar, 42

N
Nenúfar de caviar, 34

O
Ovos benedict com caviar, 38
Ovos cozidos e tiras de pão, 26

P
Panna cotta au de caviar, 20
Peras cozidas, terra e mar, 56

Q
Quiche de caviar, 50

S
Salada de diva, 32
Sushi de caviar, 18

T
Tagliatelles de aspargos e caviar, 70
Tatin de caviar, 24
Tiramisu de caviar, 62
Tortinhas suíças de caviar, 30

V
Vol-au-vent de caviar, 64

W
Waffles escandinavos, 40

Referências

ALGRANTI, Marcia. *Pequeno dicionário da gula*. Rio de Janeiro: Record, 2000.

GOMENSORO, Maria Lucia. *Pequeno dicionário de gastronomia*. Rio de Janeiro: Objetiva, 1999.

LANCELLOTTI, Silvio. O império do caviar. *Superinteressante*, n. 15, dez. 1998.

SALDANHA, Roberta Malta. *Histórias, lendas e curiosidades da gastronomia*. Rio de Janeiro: Senac Rio, 2011.

STERNIN, Vulf; DORE, Ian. *Le Caviar – De la pêche au grain*. Paris: Inra Editions, 1998.

Sites

www.romanoffcaviar.com – site oficial

http://www.historiacocina.com/es/historia-del-caviar-y-del-esturion

A comunicação impressa
e o papel têm uma ótima
história ambiental
para contar.

TWO SIDES
www.twosides.org.br

Este livro foi composto em Myriad Pro e Copperplate
Gothic Bold e impresso pela gráfica Nywgraf em papel
couché 150g/m² para SESI-SP Editora na cidade de
São Paulo, em novembro de 2016.